인공눈물

문학들 시인선 008

최미정 시집

인공눈물

문학들

시인의 말

말의 정처는 어디인가
너에게 그 꽃을 주었건만,
누가 있어 하루 종일 저 나뭇가지를 흔들어 대는가,

2021년 가을에
최미정

차례

5 시인의 말

제1부 신발장

13 무무無無
14 무용無用
15 미명未明
16 벚꽃 지다
17 격리
18 무명선수
19 신발론
20 몽유
21 플랫
22 흰죽여행
23 정오의 공작
24 외출
26 여름밤
27 봄날의 춤
28 친구 추가
29 귀향

제2부 인공눈물

33   물
34   옥자
35   여우모피성운
36   인공눈물
38   하지·2
40   평균율
41   잠수
42   # 꽃그늘
43   180일 동안
44   리버시블
46   미수未收
47   경락
48   가위
49   쓰레기 줍는 사람
50   미나리꽝
51   흑당라떼
52   황계포란형

제3부 숭얼숭얼 수국 피었다

55 내 사람아

57 숭얼숭얼 수국 피었다

58 다알리아

59 hey

60 렛미인

62 스마일·1

63 스마일·2

64 스마일·3

65 11월

66 김밥천국

68 그녀는 왼쪽 눈썹을 치켜드는 버릇이 있다

70 멘델스존의 의자

72 사랑초 속에 민달팽이가 산다

74 아디다스 슬립온 뒤에

75 no camera

76 후무사

77 쐐기 무늬 항아리

제4부 broken flower

83 야상곡
84 승산교회와 탱자나무 사이
85 무적霧笛
86 가시 빼내는 방법
87 다락을 세내다
88 믿음
90 죽은 사람들의 뼈가 없어지는 쥐들의 통로에 우리가 있다
92 누수
93 목화밭에서
94 남겨진 방
96 세기보청기
98 태산목
99 broken flowers
100 쐬기풀물을 머리에 바르는 여인
102 수니온 곶
104 테르모필레

105 **해설** 기억의, 살, 감각의, 제국 _ 장석원

제1부

신발장

무무無無

 스타벅스 텀블러에 남아 있던 커피가 흘러 젖은, 퉁퉁 부풀어 오른, 빈 페이지엔 곰팡이까지 피어 있는, 등받이가 조금 더 젖혀진 앉은뱅이 의자 모양을 하고 있는, 반대편 페이지엔 앞으로 목을 길게 빼고 있는, L자 모양을 하고 있는, 텀블러에 묻어 있는 입술 자국처럼 안쪽 허공의 크기를 보여 주는, 스타벅스 오리가미 크리스마스 블렌드의 진하고 쓰고 달콤한 향이 남아 있는, A6 메모리 카드, 모닝글로리 148×105 size

무용無用

죽은 이의 메일 주소를 가만가만 읽어 본다
받침이 없어 유려한
아름답고 유머도 있는
그러나 발설할 수 없는

카페 주소만 살아 있는
퉁퉁 부어 누렇게 떠서
간신히 새 나오던 불분명한 미래의 약속

냅킨 위에서 결석이 반짝거린다
죽은 아이의 젖니가 그랬던 것처럼
뜻하지 않게 생겨나
꼬불꼬불 먼 길을 돌아 나온 수고로움이
하얗게 분홍으로 빛난다

미명未明

작은 발들이 부지런하다

나막신으로 땅을 두드려 봄을 부른다

엉덩이가 노란 까만 닭발이 어둠의 머리를 헤집는다

아이가 사라졌어요

유통기한 지난 영양제 플라스틱 통이 굴러간다

벚꽃 지다

달밤이면 여우 울음 우는 해피

뒷산에 묻으러 간다

뭉텅뭉텅 빠져나온 해피 흰 털

장독 아래 쌓여 있다

'꿈속에서'를 짚던 손가락

봄볕에 붉어진 그의 손을 뿌리친다

연기를 뿜으며 오토바이가 떠난다

면사포 자락을 밟고 봄이 간다

격리

함부로 웃자란 풀밭 가운데
무릎에 얼굴을 묻고 앉아 있는,
옆으로 삐져나온 완강한 팔꿈치가
거기 온 풀밭을 얼어붙게 하는,
억새풀 하얀 반짝임 사이로
불길한 예감이 스쳐 지나가고
돌멩이 하나 던져도
고개 한 번 돌릴 것 같지 않는,
그 돌멩이마저 품고
정적과 침묵 속에
단단한 성채가 되어 있는,
저 너머 담벼락 위로
키 큰 트럭의 지붕 간간이 지나가는데
책가방을 옆에 던져둔 아이 하나
연못에 낚싯줄을 내리는데

무명선수

도토리 하나 톡 떨어진다
조금씩 누레져 가는 풀 속에 숨어 있는 도토리를 찾는다
착지 지점을 눈여겨봐도 운이 좋을 때만
도토리를 찾을 수 있다
도토리는 생각보다 멀리까지 튄다
이 체조 선수는 한 번 또는 두 번, 세 번 튀었다가 멈춘다
두 손을 번쩍 벌려 균형을 잡으며 착지한다
뒤로 벌렁 넘어질 수도, 한 손을 짚을 수도 있다
종아리 근력이 약한 체조 선수는 서너 번도 더 튀어 오른다
힘 조절에 실패했다고 그는 자책한다
경기장의 빳빳하게 풀을 먹여놓은 공기가
움찔거리며 구겨진다
다음 선수가 도움닫기 판 앞에 선다
치밀하게 계산된 거리를 유지해
완벽하게 착지에 성공하는 것이 목표다
쇄골에 힘이 간다

뛴다

신발론

신발 뒤축을 눌러 신으면
남루한 일상이 발밑으로 숨어들까
헐거워진 만큼 인생이 자유로워질까
발뒤꿈치를 들고
조심조심 비껴간다고 생각해도
올 것은 다 오더라
앞으로 가라 앞으로 가라
샌들 앞으로 발 절반이 쏟아져 나온 아이는
그만큼 인생이 궁금하다는 것일까
넘어질 듯 넘어질 듯
커다란 신발을 끌고
몇 발짝 앞서서 횡단보도를 건너고 있는 아이는
지금
사과 따러 가는 중,

몽유

  나비에게 홀릴지도 몰라 무릎이 까질 거야 우산을 들고 밤낮없이 모래산을 올라가는 사람이 있었어 사과나무 아래 도달했을 때 사과는 이미 다른 사람들이 다 따고 없었대 집에 돌아가는 길에 자기 그림자를 그때야 보았지 등에 커다란 사과가 얹어져 있는 거야

  아이가 비명을 지르며 울어 댄다
  종아리를 주물러 준다
  다시 잠이 든다
  여기가 아니야
  눈알을 굴리며
  아이는 계속 어디론가 가고 있다.

플랫

밤새 내내 어느 고샅을 헤매고 다녔는지
오른쪽 종아리에 쥐가 내렸다고

걸을 때마다
발바닥은 한 겹씩 두꺼워지겠지
그래도 발이 평평한 너는
더 넓게 세상과 마주치겠지

새끼발톱이 깨져 있는 것도
몸뚱이 밖으로 나침반 바늘이 터져 나온 거라는 거
조각조각 제 가고 싶은 방향으로
흩어져 가고 있는 거라는 거

흰줄무늬큰갈대 속으로 길냥이가 간다

흰죽여행

신발장에 중요 문서와 인감도장을 넣어 둔다
간 쓸개와, 재재바른 혀도 남겨 놓고 문을 닫는다

비행기 작은 날개 너머 바다는 담담하다
고래 뒤에 숨어 여행한다
가이드는 가로, 세로, 높이, 깊이 유영할 위치를 가르쳐 준다
가이드 입가에 있는 점에서 눈을 떼지 못한다
암초의 크기는 과장된 것일까
오래 안 쓴 외국어처럼 불안하다

아침상을 카메라에 담는다
하얀 쌀죽은 광대뼈가 없다
색깔도 없애고
번짐도 없애고
냄새도 없애고
관심도, 무관심도, 판단도, 비극도, 증오도……

정오의 공작

운동장 한가운데 철학자가 서 있다

볼록렌즈 가운데 한 점으로 서서
자신을 태우고 있다

잠이 부족한 당신은 예민하다

파트너와는 취향의 차이로 이미 한발 비껴 있다

한낮의 소란을 이어폰으로 틀어막는다

내면의 그림자에게서 멀어질 것

철저하게 위악적일 것

연기가 피어오른다

유리창이 깨진다

외출*

집에 불을 지른다

휘발유를 뿌리고 성냥을 긋는다

숟가락이 휘어진다

종처럼 달려 있는 커튼 술에 불이 붙는다

그리고 마지막으로

새로 갈아입혀 놓은 옷자락에도 불이 붙는다

머리카락 타는 냄새가 난다

접혀진 살이 짓무르면서 나던 냄새는 이제 덮여진다

사람들이 하나, 둘 문을 열고 나온다

뼛가루를 뿌려 놓은 듯 새벽안개 자욱하다

미증유未曾有의 냄새 입자들을 툭, 툭 털어낸다

두터운 몸에 갇혀 집을 나올 수 없었던 괴물이

어젯밤 방문을 뜯고 들어가 침대에 몸을 눕히던 500파운드 살집이,

손가락질 받지 않고 현관문을 빠져나온다

* 라세 할스트롬 감독의 영화 〈길버트 그레이프〉에서.

여름밤

중경의 밤은 습하다
아가씨들은 란제리룩을 입고 있다
관광객의 눈에서 튀어나온 두꺼비 혓바닥,
길게 빼서 아가씨를 감아올린다
숙소에 들어와서도 남자들은 잠을 이루지 못한다
발마사지를 한다고 밤거리로 나간다
꽃무늬 커튼이 조금씩 얇아져 간다
가로등에 걸린 하얀 셔츠가 펄럭인다
백일홍 꽃잎이 시들어 간다
그늘에서 잎사귀들이 조금씩 두터워진다
달구어진 돌이 내뱉는 한숨 소리,
평상에서 노인 둘이 발가락을 벌려 바람을 쐰다

봄날의 춤

 아직도 싸울 거리가 남았냐며 눈을 흘긴다. 집 나온 지 사흘째, 베란다로 나간다. 곧 주저앉을 것처럼 걸어가는 할망구, 오금쟁이를 만져 본다. 더워서 벗은 바바리 소매 하나가 질질 땅을 끌고 간다. 칠칠맞기는. 길게 늘어뜨린 블라우스 리본이 나풀거린다. 복고라더니. 우당탕탕 늦둥이 손녀딸이 들어온다. 맥주 캔을 모아 화장실로 들어간다. 머리에 수건을 두르고 나온다. 맥주 페트병 두 개만 사다 주세요. 똑바로 쳐다본다. 그 눈으로 시집가서 첫날 야단맞았었지. 미장원에서 하지. 머리 상한다. 할미 봐라, 요 옆머리 휑한 거. 헐! 엄마가 안 된대요. 뛰뛰나발이다. 입매도 참, 좋은 걸 닮지. TV 장식장에 꽃가루 소복하다. 걸레로 훔친다. 나랑 갈래? 대박!! (그만 좀 할래?) 노랑노랑에서 탈색된, 송홧가루 춤춘다.

친구 추가

 엄마는 하루 세 차례, 30분씩 안구운동을 한다 옆에서 그림을 보고 따라하다가 나는 곧 손을 들고 만다 귀 때문에 어지러운데 웬 안구운동? 눈 어지럼증을 유발해 귀 어지럼증과 함께 살아가게 한다는 어지럼증 친구 만들기란다 평생을 끌고 온 멀미로도 부족했나 왼쪽 귓가와 눈 한가운데쯤에서 시작해서 턱까지 이르는 긴 흉터. 길게 틈이 나 있고 부풀어 올라 뜯어질 것만 같은 흉터. 그 흉터를 손가락질하던 친구를 밀어 버렸던 허방다리. 새가 물고 가는 나뭇잎, 벌레거나 눈물, 콧물, 침에 속눈썹까지 붙인 자갈돌이거나 저주의 말을 담뿍 담은 물 몇 바가지거나 그 위를 설경설경 덮은 쭉정이들. 사철나무 울타리 뒤에 숨어 지켜보던 날들.
 꼭 그 자리일 것만 같은데, 신경절은 진앙지 아래 움덕움덕 모여 있을까 적게 들리니까 머릿속이 덜 시끄럽다 입이 뚝 나왔구만! 고압선 옆을 지나갈 때처럼 내 귀는 지지직거린다 그 친구는 잘 지내고 있을까

귀향

 명란젓 앞에서 젓가락이 멈춘다 고춧가루, 파, 마늘 다 털어 내고 나면 운 좋게도 칼집을 피해 간 알알이 잘디잔 생명 몇 알은 남겠지 구부러져 있는 위장 어느 곳에서 소화 효소의 철저한 감시의 눈을 피할 수만 있다면 유산균도 살아 있는 깜깜한 저장 탱크, 꼼꼼하게 치댄 반죽에서 필요한 양분도 섭취하여 환생의 꿈 잘 발효시키면 펄떡펄떡 물 좋은 명태로 살아날까 어쩌다 생선 가시라도 하나 목젖에 걸려 우주 전체가 흔들릴 만큼 토악질을 해대는 날이 있으면 그 바람에 거치른 계곡을 넘고 또 넘어 눈부신 하늘 한 자락 엿볼 수 있을까 기사회생의 한숨 내쉴 무렵, 뜻밖에 천둥 번개 몰아치고 뭍으로 뭍으로 내모는 돌풍이 일어 이제 막 걸음마를 시작한 게 몇 마리, 소라고둥 허접쓰레기까지 둘둘 말아 파도에 휩쓸린다면 등불 밝히고 있는 고향에 다다를 수 있을까

 전쟁영화를 보고 난 저녁

제2부

인공눈물

물

그냥 물,
잎을 달인 물,
꽃을 달인 물,
뿌리를 달인 물,
과일을 압착시킨 물,
일주일 동안 물만 먹기

더 쉽게 들어 올리라고, 숨도 참고

키스할 때 입안에 고인 물,
할례 때 귀두에 맺힌 핏방울 위에 물,

만년설이 녹아 흘러 흘러 숨어 있는 내륙 하천
양 떼가 물을 찾아간다

옥자[*]

  코에 고무호스를 꽂는다 물을 넣는다 12시간 동안 서너 차례 60kg의 물을 넣는다 온몸이 퉁퉁 붓는다 체중이 5~10kg 늘어난다 쓰러진다 도축장 가득 공포의 울음소리 끊이지 않는다 죽음을 예감한 소, 커다란 눈에서 마지막 눈물이 주루룩 흐른다

  소 가죽에서,
  소 등심에서,
  소 뼈에서,
  소 내장에서,
  소 피에서,
  물이, 물이 흘러나온다

---

[*] 봉준호 감독의 영화 〈옥자〉.

여우모피성운

   그는 일주일에 한 번 헌혈한다 그의 피에는 방울뱀의 독니에서 추출한 독이 들어 있다 32가지의 독이 혼합된 희석액을 그는 자신에게 주사한다 그의 피는 암환자에게 수혈된다 희석액의 농도가 점점 짙어지고 있다 독의 가짓수도 점차 늘어나고 있다 그의 피도 점점 더 찬란한 빛깔을 띨 것이다 오페라 핑크, 보라분홍, 청보라, 블루블랙, 분홍 파이톤……

   어머니의 살점*에 눈물이 고인다

---

* 눈 안쪽 분홍빛 살점. 눈물이 그곳에 고인다. 『눈물들』(파스칼 키냐르, 문학과지성사, 2019.).

인공눈물

눈물이 너무 많다
한꺼번에 다 쓰지 못해
여기저기서 나오는 눈물들
가방에서, 호주머니에서
어제, 그제, 먼 미래에서

울지 마
남자잖아
눈물이 나오려고 하면 열을 세

안경을 벗는다
눈을 질끈 감는다
미간을 찌푸린다
울컥했는데, 눈물 한두 방울이면 되는데

눈자위가 붉어진다
눈물이 흐른다
후원금이 들어온다

잠자리에 들어 눈을 감는다
선풍기 바람에 블라인드가 창턱에 닿는 소리
엘리베이터에서 나는 소리
땡, 덜컥, 쿵
인공눈물 두 개째, 마지막 방울을 넣는다

이어폰을 낀다
팟캐스트를 듣는다
바람에 안장을 얹고 달린다
시간의 미열이 눈물을 말리고 간다
내일 치 풀잎 이슬이 서서히 말라가고 있다

하지·2

바짝 짧은 머리에 두 귀가 당나귀처럼 솟아 있다

거울을 보고 자기 소개서를 쓴다

6666666666666666

자판 사이 잘려진 손톱을 꺼낸다

포털과 장바구니 사이를 오간다

목에 분을 바르는 여자*를 훔쳐본다

다면경을 찾는다

불꽃과 그림자들을 잘라 이어 붙여

쇄골이 도드라지는 체위를 익힌다

팥칼국수 먹는 평상 위로 박쥐가 날아간다

노란 고무줄이 녹아 봉투에 붙어 있다

* 키타가와 우타마로의 그림.

평균율

물을 가른다 순간, 세상은 고요하다 흔들거리고 있는 다리들 끊임없이 물을 잡는 손들 물은 금이 가고 오후 세 시의 햇빛이 날카롭게 들어와 박힌다 유리 파편이 눈에 박힌다 몸속을 비춘 빛이 입술 위에서 가볍게 떨고 있다 말言語 이전의 것들 껍질도 없이 얇은 막에 싸여 말갛게 드러난 실핏줄들 처연한 뿌리들 밑으로 밑으로 내려간다 손 하나가 있어 눈썹을 밀고 문신을 그리고 있다 출렁이는 욕망들을 다독이며 거울 속에 얼굴을 박고 그리고 지우고 다시 그리고…… 귀퉁이에서는 작은 흙가루들을 밀어 올리며 샘솟고 있는 목소리, 목소리들 문신이 꿈틀거린다 파란 모빌이 짤랑거린다 내게도 사랑이 남아 있었던가 창가에서 늘 뭔가를 기다리고 있던 설렘들 내게도 아직 사랑이 남아 있었던가 비 오는 대로, 바람이 부는 대로 흔들리며 내 마음속의 별을 향해 손짓하던 애원들 찢겨진 꽃잎 하나를 들고 물 위로 나온다

잠수

 두려워하는 걸 그는 알고 있었다. 살랑살랑 장난을 치다가 밀치고. 끌어당겨 내리는가 하면 밀어올리고. 잡아당기고. 끌어올리고 밀어당기고. 던지고 되받고 거칠게 휘감고 내려치고. 손톱으로 할퀴고 말았다. 등 뒤에 손톱자국을 따라 맺힌 핏방울. 물밑에서 모래를 한 줌 꺼내와 쓱쓱 문질러 대는 걸 숨죽이고 지켜보았다.

 어깨에 힘을 빼요, 힘을. 수심 2m. 블루 인조대리석. 바닥에 온전히 내려앉지 못해. 발이 닿지 않아. 붙잡을 무언가가 필요해. 그 뒤에 숨어 있을 뭔가가 필요해. 턱없이 솟아 올라오는 몸뚱어리. 이건 다이빙이 아니야. 목뼈가 어긋나는 일 따윈 없어. 삐질삐질 바람 빠진 공을 잠수 선생이 다시 밀어 넣는다

꽃그늘

커피 마신 입을 헹구고 나머지 물을 화병에 버린다 몸을 적시기 위해 썼던 물, 히아신스 향기가 잠깐 스친다 구근의 뿌리를 감싸고 있는 흙을 털어낸다 새 연인을 사귄 스무 살은 조금 떨어져서 포옹을 하고 향수를 뿌리며 떠났고 연분홍 와이셔츠에 연보라 스웨터, 1온스 패딩 버버리, 소라 홀가먼트 니트, 시쓰루 머플러 ······담아 놓은 장바구니에 굴복한다

갈라진 왼쪽 엄지손톱과 짧게 베인 오른쪽 검지 가운데 매듭 근처 3년 만에 다시 확인한 척추뼈가 약간 휘었네요 새삼 눈이 가는 몸의 어떤 것들

  댓글을 읽는다
  '좋아요'와 '아니오'에도 가끔 클릭한다
  로그인을 하고
  댓글을 쓰는 것은,
  베네치아에서 사 온 가면을 쓰고
  글쎄요······

180일 동안

칸과 칸 사이 아래 10cm 판자가 대졌다
문 아래에도 10cm 판자가,
문 아래 옆에도 10cm 판자가 바닥까지 닿았다
칸과 칸 사이 위 60cm 판자가 대졌다
문 위에도 60cm 판자가,
문 위 60cm 판자 위에 20cm 철망이 더해져 천장까지 닿았다

핸드폰 촬영이 신고되어 수사 중입니다

구더기 꿈틀대는 곳에서 변을 담던 날개 꺾인 새와
다리에 쥐가 나도록 쪼그리고 앉아 만화를 보던 여름방학과
날랜 손놀림으로 터질 것 같던 코끼리의 자위와
변기 뚜껑을 내린 채 울음을 삼키는 기린의 억울함과
아이를 낳고 탯줄을 흘려보낸 소녀의 피 묻은 손과

바람이 숭덩숭덩 드나들던 공간은 다 기억하고 있을 것이다

리버시블

팬티를 뒤집어 입었다
reversible
역순으로 다시 옷을 바꿔 입는다
바지를 입다 화장실 문을 찼다
뭔 일 있어?
리버시블
정말 욕이 나오는 때가 있지
바지를 뒤집어 입었을 때는
앉아 있으면 잘 보이지나 않지
옆에 앉은 눈썰미가 쓸데없이 좋은 사람만 볼 뿐
맨투맨을 뒤집어 입었을 때
뒤늦게 알았으나
바꿔 입을 시간이 없을 때
우겨 본다, 가능한 잔인하게
디자이너 브랜드야,
시접이 노출되는 것이 포인트래
겉옷을 벗고,
뒤집어진 옷을 바꿔 입을 수 있는 사람만이
친구인가?

정신줄이 밖에 있으니
이게 맞는 거 아냐
절망 어린 빈정거림도 유머로 통하는

같은 영화를 보고
해석이 정반대일 때
카페에서……

미수未收

 꽃처럼 예쁜 빛깔에 단팥 앙금이 들어 있는 생과자는 너무 달콤했다 입에서 살살 녹아 언제 다 먹었나 늘 의심이 갔다 한동안 집에 화과자가 자주 들어오더니 오랫동안 아버지를 볼 수 없었다 만져 봐, 엄마 심부름으로 친구네 양계장에 돈 받으러 간 날, 새끼 고양이 목덜미에서 작은 뼛조각이 만져졌다 얼른 손을 뺐다 친구 엄마가 힐끔 나를 쳐다보았다 애들은 아무튼…… 그날은 돈도, 달걀도 없었다

미수금 받아드립니다
0104575****

유정란에 목뼈가 만들어지고 있었다

목뼈들은 쉽게 부러지고 있었다

특제 간식 수제 오리 목뼈가 장바구니에 담기고 있었다

경락

취해 있는 대로 시간이 갔다 그 시간 뒤에는 아무것도 없었다 아무것도 없는 시간 속에는 계단이, 계단 아래에는 우물, 비바람을 그대로 담고 있는 자연, 녹조 가득 버려진 창고가 있었다 반품되어 온 쓰레기 파편들, 재주문된 책, 구매 이력이 있는 다운로드된 영화 파일들,

침대에 누웠다
혈 자리를 눌러 뭉친 곳을 풀어 준다는데
결국 압력과 시간의 문제다

가느다란 손가락이 허공 중에 헤맨다

티벳 사람의 각진 아래턱 살점
독수리 한 마리 물어뜯고 있다

엄마가 없는가
자지러지는 아이의 아래턱은 또 얼마나 흔들리고 있는가

가위

  지느러미를 자른다 꼬리지느러미의 탄력은 검붉은 아가미색, 마지막까지 목에 힘이 들어갔던 등지느러미는 단단해서 더 쉽게 잘린다 가슴지느러미는 버팅기는 것을 손끝으로 느낄 수 있어 균형을 잃고 물살에 휩쓸릴 때도 있지 무릎을 꿇고 제자리로 돌아오는 데는 시간이 필요하지 물 밖으로 튀어오를 때는 바닥을 차고 오르느라 명치끝까지 통증이 몰려오지 가위에 힘을 준다 단숨에 너끈히 뒷지느러미까지 요절을 낸다 지느러미 모두 턱 턱 잘라 냉동고에 몸통을 넣는다 싸늘한 냉기가 들러붙는다

쓰레기 줍는 사람

 트럭 문이 열린다 쓰레기가 쏟아진다 물이 줄줄 흐르고 카타도르*들이 달려든다 망태를 들고 커다란 플라스틱 통을 들고 매의 눈으로 돌진한다 돈이 되는 재활용품을 발굴한다 유통기한 지난 먹을거리들로 허기를 채운다 까마귀가 친구다 낮보다는 밤에 사람이 적다 못 살면 쓰레기도 없다 잘 사는 동네 쓰레기 들어오는 시간을 알기 위해 돈을 찔러준다 한바탕 사람들이 지나가고 트랙터가 쓰레기 더미를 다진다 쓰레기 산 속에는 시신도 매장된다 냄새를 맡은 까마귀들이 공중낙하한다 트럭 문이 부서져 갑자기 쓰레기가 쏟아진다 쓰레기 더미에 팔다리가 부러진다 한동안 거리에 몸을 팔러 나가거나 약을 팔러 나가기도 할 것이다 냄새를 가리기 위해 더욱 진한 향수를 뿌리고,

* 쓰레기 줍는 사람.

미나리꽝

 신문지를 펴놓고 미나리를 다듬는다 글자 사이사이를 읽고 있는 거머리를 본다 거머리를 따라가 피를 읽는다 피를 흘리고, 피가 쏟아지고, 번지고, 굳고…… 피가 지나간다 미나리 뿌리를 컵에 담아 창가에 올려놓는다 반지하방, 햇살이 비치는 화폭으로 다리들이 지나간다 부풀어 툭 불거진 혈관에 거머리가 붙는다 딱지 앉을 새도 없이 후벼대는 손톱 아래 두피에도 피가 고인다 거머리가 붙는다 골목골목을 헤매고 와 부어오른 다리를 벽에 올려놓고 창을 올려다본다 산양 모양 구름 사이로 쓱 들이미는 얼굴이 있다 깨진 유리창으로 손이 쓰윽 들어온다 화다닥 놀라 다리를 내린다 푸른 치마를 꼭꼭 잠근다 햇볕 좋은 날, 창밖으로 나가 입고 있는 옷을 까뒤집는다 솔기 사이에서 술꾼들의 토악질 소리를 뜯어낸다 말라비틀어진 눈알도, 손모가지도 떨어진다 인적 없는 틈을 타 땅바닥에 엎드려 안을 들여다본다 캄캄하다

흑당라떼

 경제가 어려워지고 있다 시집 앞 뒤, 간지도 1장으로 줄었다 색색깔의 간지를 모으는 손이 부끄럽다 설탕은 모든 것을 치료할 수 있다* 오늘의 간지는 라이트 그레이 안경 없는 날, 색깔 있는 간지에 시를 적어 본 사람은 알지 짧아서 좋군 요양병원은 늘어나는데 삐그덕삐그덕 길을 걷다 와락 서둘러 마감하는 생 장가도 못 가 보고 13층에서 감나무에 떨어진 일요일 오후 두 시, 부러진 나뭇가지 아직 남아 있는 홍시 세 알 그 옆, 쓰레기장에서 나를 쫓아내곤 하던 검은 고양이 가족들은 보이지 않고 출산한 뱃구렁도 아직 다 꺼지지 않았을 텐데,

---

* 최치언의 시집 『설탕은 모든 것을 치료할 수 있다』(랜덤하우스코리아, 2005).

황계포란형

땅 기운이 쇠할 거라고
다 그놈의 요양원 때문에 황구렁이가 떠나서라고

주말이면 요양원 방문객으로 북적대는 식당은 고기 냄새 때문에 연통 방향을 바꿨다. 아파트 담벼락을 타고 올라오는 뽕짝 소리는 소수의 민원일 뿐. 삐요, 삐요, 앰뷸런스가 또 왔어요. 손주가 소리친다. 가는귀가 먹기 시작한 영심이가 비트적거리며 일어나 베란다로 간다. 아파트 상가 미장원에서 마주쳤다. 휠체어를 타고 온 반해골의 이브를. 머리를 자르자 틀니를 뺀 합죽한 턱이 도드라졌다. 살아 있다는 게 창피한 듯 오그라진 그림자가 되어* 사라졌다. 아랫집에 이사 온 사람이 떡을 돌리며 그랬다. 전망은 진짜 좋아요. 황구렁이는 안 보이는 게 더 좋다네요. 어디 있겠지요?

* 『파리의 우울』(샤를 보를레르)에서.

제3부

숭얼숭얼 수국 피었다

내 사람아

샤워하다가 전화를 받았다
기다리던 전화가 있었다
번호가 떴다면 안 받았을 터였다
통화 버튼을 눌러놓고 건성으로 몇 마디 하고
샤워를 계속했다
친구는 얘기를 하고
물소리에 내용은 잘 들을 수 없고
들으나 마나 뻔한 얘기
20년을 들어온 분열증의 넋두리
그냥 지껄이라고 내버려둔다
오늘은 또 언제까지 하나
짜증에 대충,
그래그래
수건으로 머리를 닦으며 내가 뱉은 말,
신이 난 친구의 응답
내 사람아, 내 사람아.

분홍빛 솜털을 일으켜 세운 말,
정신줄이 오락가락한 친구가

오랜만에 맞장구쳤다고 좋아서 하는 말,
송홧가루가 떼 지어 춤추어 가면서 하는 말,
인생의 가장 아름다운 한때 들었을 법한,

숭얼숭얼 수국 피었다

 아침 댓바람부터 욕 한 바가지. 잠이 깬다. 독한 욕을 먼저 쏟아붓고 나면 사설이 짧다. 슬슬 시작되는 우김질. 보라도 분홍, 소라도 분홍, 빨강도 분홍, 분홍도 분홍, 주황빛 도트 무늬도, 주홍 스트라이프도 물론 분홍, 분홍이 들어간 검정도 분홍, ……밟아도 밟아도 죽지도 않더만, 송충이 같은 눈썹으로 그놈의 분홍은…… 그래그래 하면 성의 없이 대답한다고 화내고, 아니라고 하면 지가 맞다고 핏대를 올리고 지랄, 말없이 있으면 세상에 친구라곤…… 전화기를 들고 있는 팔이 아파 올 때쯤, 뜬금없는 칭찬, 왜 그래? 통화시간 22분 30초

다알리아

  (너는 다 알지? 왜 몰라! 왜 잊어버렸어! 아니야! 그게 아니야! 그랬잖아!)
  후두둑 후두둑 다알리아 꽃잎 떨어지고 있었다 아직 손끝에 느껴지는 탱탱함 손가락으로 그 꽃잎 아래쯤을 꾹 눌러 모두 뒤집어 놓았다

  햇살은 유리 조각으로 잘게 도막 나 기억의 뇌수를 찔러 대고 있었다 그녀의
  목젖은 검붉게 익어 가고 그 속에서 튀어나온 물고기, 초록빛 지느러미 쏟아
  놓고 땅으로 곤두박질쳤다

  (나는 내 딸을 버린 게 아니지? 맞지? 맞지?)
  햇살은 점점 거세지고
  물관부에서 물이 빠져나가는 소리
  멀리서 삼베 자르는 어머니의 가위질 소리.

hey

　식칼을 들고 온다 사철나무 울타리 개구멍을 뚫고 와 여닫이문을 쾅 열어젖힌다 달력이 쿵 떨어진다 책상에 앉아 있는 나와 눈이 마주친다 사르르 눈을 내리깔고 희미하게 웃는다 눈동자를 이리저리 굴리다 뒤로 돌아선다

　다듬잇돌 위에 몸을 웅크린 채 앉아 있던 이모가 나온다 어깨를 주무르고 감싸 안고 낮게 두 여자가 운다

　외국 가수 같은 사촌의 용모에 여자들이 꼬인다 한 번만 만나게 해 달라고 호빵을 사 준다 잘생겼어 쓸데없이 잘생겼어 등짝을 맞는다

　신발장이 환하다 허리가 꺾인 이모가 짐을 이리저리 옮긴다 캐리어를 눕혀 앉는다 센서가 꺼진다

렛미인*

그래서
나는 옷을 벗었다

그들이 내 옷을 벗겼다
(저 혼자 옷을 벗었다)

나는 내 알몸을 보고 울기 시작했다
(난데없이 울었다)
처음에는 키득키득 웃더니,

지나치게 환한 대낮이었다

창가에는 먼지들이 춤을 추고 있었다

마룻바닥에는 머리카락이 널부러져 있었다

배꼽을 후볐다

빨간약을 발라 놨다

며칠 뒤 배꼽에서 피가 났다

다시 머큐로크롬을 바르고

다시 피가 나고,

---

* 토마스 알프레드슨 감독의 영화 제목(원제 〈Let the Right One in〉, 2008).

스마일·1

 잃어버린 학급비 조사를 받았지 학생주임 선생님이 호의적이었어 웃는 게 이쁘다, 그렇게 웃어, 항상~ 입술을 자근자근 깨물며 빗자루 몽둥이로 두드려 팼지

 〈복수는 나의 것〉 영화를 봤지 꿈속에서 이빨이 다 뽑힌 채 입술도, 목도 없이 그가 걸어가고 있었지 그는 더 이상 악역 배우로 등장하지 않았지

 조직의 생리에 적절한 얼굴로
 뭐든 꼭꼭 씹어 먹고 덜 솔직하게 아무렇지 않게, 스마일

스마일·2

동굴 속에서 불이 나갔다.

핸드폰 손전등은 쓸 수 없다

어둠 속의 길을 눈먼 난간을 손 하나를 믿고 가야 한다

앞발이 축축해져 온다

극도의 공포를 지나와

작은 언덕에서 비틀거릴 때,

체셔 고양이가 웃고 갔다

스마일·3

그게 문제라고
왜 자꾸 옛날이야기는 꺼내냐고

장례식장에서 옛날 사람들을 만난다

눈가에 잔주름이 많네
웃지 마
마루에 걸터앉아 내내 배꼽을 잡게 했던 그는
여전히 하회탈처럼 웃고 있고

뛰뛰나발이네,
웃으면 좀 좋아
입이 뚝 나온 나를 그는 싫어하지
생각할 때 표정이야, 내림이야
밥 먹을 때 이빨로 수저를 긁는 너도 싫어
입술로 담뿍 먹어 봐, 겁은 디게 많아서

입가에 호박 꽃잎처럼 주름이 잡히기 시작한다
아이크림을 바른다

11월

저물 무렵 굴뚝에서 빠져나갔던 박쥐가 돌아와
관성의 법칙으로 아직 떨고 있는 날개를 잠재우는 시간

늙은 남자 기상 캐스터가 쌍꺼풀 수술을 하고 나타났을 때,

날씨가……

심상한 말로 얘기를 꺼낼 때

자신을 비하하는 말 아니고는 관심을 끌 수 없다는 것을 알았을 때,

눈 없는 벌레
갈데없는 눈은 벽을 향해 있다.

김밥천국

번호판을 빡빡 문지른 그랜저
화단 바위에 뒤꽁무니가 약간 찌그러진 채 붙어 있다

명옥헌 배롱나무 사진이 카톡에 떴다
혼자 살면서 더블침대에
베개는 장식용까지 4개에,
그것도 노랑 긴 머리카락에,
침대 아래 귀걸이 한 짝에,

몰몬교도 둘이 김밥을 시킨다
복숭앗빛 귀밑머리 잔털이 반짝거린다
한 접시에 나온 김밥 두 줄이 딸랑거린다

민소매 원피스를 입고
돌판 비빔밥을 후후 불어 먹으면서
힐끗 명찰을 본다

좋아요♡♥
시원한 데서 뜨거운 거 먹는 게 최고예요~~

폐차 지붕 위에 목백일홍꽃 몇 개 떨어진다
왼쪽 다리에 깁스를 한 남자가 쳐다본다
모니터에서는 이쁘다고 샀는데
신고 보니 환자용 슬리퍼 같은 샌들이다
훅 뜨거운 것이 치올라온다
버려야지.

그녀는 왼쪽 눈썹을 치켜드는 버릇이 있다

잠깐 말을 멈춘다
왼쪽 눈썹 끝이 올라간다
다시 말을 잇고 얼마 안 가 이야기를 끝낸다

말을 하다 말고
말한다는 걸 아는 순간
서둘러 말을 끝내는 건 그녀의 습관

씩 웃고 있는 건
말하기 쑥스럽다는 거
지나치게 웃고 있는 건
말하기 싫다는 반증

폐활량 문제인가
노래할 때 늘 부닥쳤던 호흡 부족
미숙했던 들숨과 날숨의 경제학

말이 막힐 때
눈물 연기를 해서 남자를 잡아 두었던 기억

아이를 낳고 보니
이빨이 들쭉날쭉해져서 입을 다물게 되었다는 수다의
한 자락

그러나 또 안다
할 말을 제때 다 하지 못하면
꽃 핀 채 그대로 시든 수국처럼
숭얼숭얼 웅얼거리고 있으리라는 걸
꿈속에서라도 골목골목 나타나
변태처럼 뜬금없이 바짓가랑이를 내리리라는 걸

멘델스존의 의자

베란다,
와인 바 긴 의자 다리 사이로 자동차 지나간다
객지에서 돌아온 아이가 소파에서 잠자고 있다
발뒤꿈치를 들고 다녀서
발레리나가 되려나 기대했던 아이,
알지 못할 소리까지 가끔 내가며
아이는 내가 모르는 세계에 빠져 있다
압력솥 뚜껑은 잠금 해제 상태,
과반의 살찐 사과는 나른하게 말라가고
벽에 기대 세워 두었던 시계,
'턱' 넘어진다 아이가 쿠션을 들고 발딱 일어났다
다시 잠에 빠져든다
사다리로 쓸 의자에
된장찌개 냄새 뒤늦게 배어든다
벽에 못을 박고 시계 걸 때를 기다리고 있는
일요일 오전,
바퀴벌레 알에서
오물오물 새끼들이 기어 나온다
볼륨을 낮춰 놓은 라디오에서

멘델스존의 5월의 미풍이 흐른다
가정음악에 슬금슬금 손이 자라난다
'까꿍'
얼굴을 숨기던 커튼을 지나
담쟁이 넝쿨처럼 벽을 따라 뻗어 흘러간다
베란다, 창틀 사이로 발을 내밀었다고
아랫집 아이가 날카롭게 야단을 맞는다
멸치조림 냄새가 훅 끼친다

사랑초 속에 민달팽이가 산다

말은 필요 없어요
사랑을 시작할 때

키스 마크를 내거나
손가락을 잘근잘근 씹거나
어깨를 물거나

싸움이 잦아졌다
입가에 작은 물집이 무수히 생겼다
입술로 입술을 막는 일,
입술에서 혀를 지나
더 깊숙한 욕망의 뿌리까지 이어지는 물큰한 느낌이 아득해졌다
작은 말실수와 사소한 잘못을 덮어 누르지 못했다
세 치 혀는 상대의 음침한 곳을 찾아 헤집고 또 헤집는다
분노의 어깨가 독설의 매를 맞아 녹신하게 부드러워질 때까지
천천히, 무자비하게 물어뜯는다

억눌린 더듬이는 더욱 벼려져서 연둣빛 새 순까지 건드린다

옆에 누워만 있을게

마주 바라본 지 얼마나 됐나

허벅지 사이 얼굴을 묻고
또 묻는다

아디다스 슬립온 뒤에

 오셀로, 워렌 버핏, 인간 경영, 손자병법, 21세기 여성만을 위한 재테크 10계명, 술 알고 마시면 장수한다, 마음을 다스리는 지혜, mapa, 엑설런트 러브, 퍼즐 대백과, M25, 2009 전국영화영상학과 입시가이드, 매력 있는 대한민국 점프 산수 5-2, 만화 초등교과서 자연, prime best 15, 99 프로, 패밀리 바캉스, 전 세계 국제전화카드(미, 중, 캐나다, 호주 프랑스), 성인 만화 걸작집, 휴대폰 급속 충전(3군데), 한국 유머, 바이블, 四字小學, 운전시험, 千子文, 바이블, 거리의 천사, 도전자, 스포츠동아, 일간스포츠, 일요신문, 각종 일간지, 외무고시 가이드, 색종이 접기, 관광도로 안내도, 대한민국의 파워, 악당의 거리, 장난꾸러기 도깨비, 아직도 모르세요, 나눔터, 탈무드, 공중전화카드 판매소, ecole de luxe

 뼈만 남기고 다 빼드립니다

 새로나 추모관

no camera

    모래 언덕을 올라간다 모래가 흘러내린다 도마뱀이 달아난다 지평선이 이글거린다 전봇대 하나, 양쪽으로 길게 줄을 늘어뜨리고 있다 낙타 몇, 사람 몇, 캐러번인가, 1킬로미터나 되는 그들의 피로, 덤프트럭 한 대 다가온다 치마를 올리고 여자가 발판을 오른다 그녀의 하얀 치마, 하얀 치마 카메라 뷰파인더 속으로 쓱, 아이들이 들어온다 1달러, 1달러 주위에 모델들 여럿이다 이정표처럼 완강하게 앉아 있는 아이 하나. 앞코가 벌어진 신발 옆에 새총, 민예품 몇 점, 아이 볼처럼 발개진 돌 몇 개. 카메라를 들이대자 두 팔로 'X'자를 만든다 선글라스를 벗어 아이를 본다 눈동자 속에 파란 불꽃이 타고 있다 검은 가죽으로 쌍봉낙타를 잘라 붙인, 검은 실로 GOBI라고 수놓은 하얀 양털 물병주머니를 산다 그래도 아이는 웃지 않는다 웃지 마, 그래 함부로 웃지 마 아이의 엉덩이 아래, 모래 아래, 공룡 턱뼈 너덜거린다

후무사[*]

  낮술을 마시고 버스에 올랐다 껌을 씹었다 핸드폰을 보면서 아저씨가 옆자리에 와서 앉는다 쌍학, 쌍학이라고? 학 한 마리, 학 두 마리? 홍학, 길고 붉은 다리가 겅중겅중 걸어간다 꽈당, 몇 걸음 못 가서 고꾸라진다 버스에서 내린다 그늘을 찾아 긴 골목 개구리 주차된 차들 옆을 지나간다 길 고양이 두 마리 차 밑에서 졸고 있다 공복금지, 신속배달 오토바이가 쌩 지나간다 꽝, 피해 간다고 빈 곳을 찾아 차머리를 들이밀다 초보 운전자가 벽을 받았다 에고, 고양이 눈꺼풀이 잠깐 떠졌다 감긴다 고양이 밥그릇 치웁니다 새벽에 애기처럼 울어요 지하주차장에 똥을 싸요 아파트 밖으로 나가게 해야 해요 길을 간다 그놈의 차 때문에 그늘에서 쫓겨나온다 귀 어디쯤, 흘러나온 돌이 돌아다니나 보다 뜨겁다

[*] 자두 품종.

쐐기 무늬 항아리

 눈을 떴다. 뭔가 계속 어른거리고 있었다. 갑자기 얼굴 하나가 쑥 들어왔다. 소스라치게 놀랐다. 목이 댕경 잘린 채 걸어가던 시신들의 행렬, 그 위에 얹어 놓을 얼굴이지 아닌가. 어깨를 붙잡고 걱정스러운 눈으로 그가 말했다. 사흘 밤낮 꿈을 꿨소.

 어렴풋이 기억이 났다. 숲에 들어갔었다. 뱀에게 물린 것이었다. 며칠째 기운을 차릴 수 없었다. 집에만 있으니 온갖 생각에 시달렸다. 특히 방 한쪽에 있는 항아리가 자꾸 신경이 쓰였다. 만지면 안 되오. 만지면, 만지면……

 항아리는 여느 것과 별 달라 보이지 않았다. 중간 크기의, 장독대에 둬도 눈에 띄지 않을 터였다. 그런데 방에 두고 거기다 책을 쌓아 두고 있었다. 그게 더 눈에 띄었다. 며칠을 보고 있으니, 쐐기벌레가 한 마리, 두 마리, 세 마리…… 자꾸 기어 나오는 게 아닌가

 쐐기벌레 한 마리가 낟알을 물고 나왔다. 쐐기벌레 두 마리가 금목걸이를 물고 나왔다. 쐐기벌레 세 마리가 은비

녀를 이고 지고 나왔다. 쐐기벌레 두 눈이 쏘아보았다. 그날의 그 사람처럼 묘하게. 쐐기벌레가 빈 도롱이처럼 뻗어 있었다. 그날의 그 사람처럼 커다랗게 슬프게.

 손이 떨려 왔다. 이게 뭐라고. 한 권, 두 권, 세 권 책들 들어내고……. 항아리 뚜껑이다. 노린재 한 마리가 사르륵 사라져 갔다. 뭐가 있을까. 더 떨리는 손으로 뚜껑을 열었다.

 항아리 속에는 아무것도 없었다, 허망하게도. 불을 비춰 봐도 노린재 한 마리도 없었다. 어거란 말이야, 이거였어? 이걸 가지고 그 난리였어? 형제 판에 허구헌 날 쑥덕거리더니, 뭐야, 이게 뭐야?
 (그녀는 모를 일이었다. 온갖 질병과 재액이 항아리 속에서 빠져나간 줄, 죽어도 모를 일이었다.)

 남편이 방 입구에서 뛰어왔다. 목이 댕겅 잘린 채 걸어가던 시신의 얼굴이었다. 한참 동안 넋을 잃고 있더니 이내 뚜껑을 닫았다. 항아리는 다시 봉해졌다.

(훗날 사람들이 쐐기문자로 이 항아리에 이야기를 남겼다.)

제4부

broken flower

야상곡

3단지 주공아파트 철거 포장 위로
마지막 벚꽃 흐드러지네

장막 속에 있던 사람들은 다 어디로 갔을까
창틀만 남아 자동차 헤드라이트에 비수처럼 번쩍거리네

사람들 속에서 그대를 찾다가 찾다가 돌아오던 시간
손끝에 하릴없이 떨어지던 꽃잎들, 꽃잎들

길고양이는 지금 어디서 사랑을 나눌까
비둘기는 살수차 피해 어디로 갔을까

벚꽃 떨어져도 봄은 아직 한창일 텐데
가로등 아래 별 그림자만 흔들거리네

승산교회와 탱자나무 사이

쉴 새 없이 자동차들 다니고 있다
얼룩 고양이 한 마리 가운데 나동그라져 있다
저건 언제 치우나
무늬는 소용돌이치며 바퀴를 따라 가고 있다
한 아이가 똘똘 뭉친 불만을 툭툭 차고 있다
노을에 쨍 금이 간다
다칠라, 조바심으로 할머니는 하얗게 굳어져 간다
눈이 짓물러진 벼 그루터기도 딱딱해져 간다
새 떼들의 배설물도 단단해진다
깃털 몇 개 눈처럼 내려 군데군데 덮는다
철조망에서 건너 탱자나무 울타리까지
가시에 찔린 날갯짓 바지런하다
수사 중 출입금지 폴리스라인 안쪽으로
간간이 노랗게 익은 탱자 몇 알 떨어진다
기름방울 튀기듯 땅바닥 깜짝깜짝 놀란다
그럴 때마다 도베르만이 짖는다
철옹성 안에서 무슨 일이 일어나고 있는지
아직 전해지는 이야기가 없다

무적霧笛

중개 한 마리 길에 내려와 있다
택시가 퍽 치고 간다
뒷좌석 엉덩이 아래
물큰한 살덩이가 느껴진다
꿀렁
바지춤을 한 번 추켜올리고
택시가 간다
기사가 고개를 흔든다
비킬 줄 알았다고
클랙슨을 들었는지 못 들었는지
재수가 없어 집에 들어가야겠다고
투덜거린다, 차에서 내려
캐리어를 끌고
과속방지턱을 넘어 간다
바퀴 소리가 유난히 크다
기사도 속도를 늦추거나 멈추거나 비껴가지도 않았지만
개도 한 치도 물러서지 않았다
하얀 개 눈 속으로 들어간다
8차선 도로 너머를 뚫어지게 바라본다
초록 불꽃 속에 점박이 강아지 한 마리가 있다

가시 빼내는 방법

가지 대가리를 단칼에 잘라냈어야 했다 후환이 두려울 때 사극에서 하는 것처럼

작은 가지라고 가시도 여릴 것이라고 만만하게 보았다가 검지 손톱 밑에 꼼짝 못하게 박혀 버렸다 큰 놈이면 핀셋으로 잡아 뺄 수 있을 텐데 작은 놈이라 눈에 잘 보이지도 않고 하루, 이틀, 사흘 무심코 손이 닿을 때마다 찔끔찔끔 눈물이 났다

그 자리를 건드리고 헤집어 고름이 들게 해서 고름 짤 때 함께 내보내

가시 부위에 밴드를 붙여서 부풀게 한 뒤 밴드에 따라 나오게 해

사람 잡겠다
삐죽거리는 입술
바글바글 벌레 끓는 언사들
오래 머리를 떠나지 않는 인사들.

다락을 세내다

아이가 이불에 기대 훌쩍훌쩍 울다 잠들고

생쥐 두 마리, 보드라운 귀 뒤 털 만지다
금단의 언덕에서 헤매고

칼 든 아들을 피해
어머니가 다듬잇돌 위에 웅크리고 앉아 벌벌 떨고

얌전히 개켜진 수의 두 벌
그중 하나는 꺼내 가고
하나는 기다리고 있다

믿음

퇴근시간, 여자아이가 혼자 횡단보도를 건넌다

신호등이 있는 네거리 사이 교통량이 많은 작은 네거리,
전후좌우 몇 번을 살피다 후딱 건너야 하는 길

아이는 유치원에서 배운 대로
오른손을 번쩍 치켜들고 유유히 길을 건넌다

아이는 이미 길 가운데 있다

비보호 좌회전을 하던 택시가 끼익, 멈춰 서고
서둘러 우회전을 하던 버스도 멈춘다

아이의 젖니 아래 하얀 핏빛의 딸기 우유가 고여 있다

팔다리가 부러지고
피가 튀고
신발이 널브러지고

상상의 비구름이 무겁게 내려앉아
아이를 따라 서서히 움직인다

길 끝에 다다를 즈음, 한 아주머니가 서둘러 나와
아이를 끌고 간다

아이의 눈꺼풀이 고장 난 인형처럼 감기지 못한다

차들이 이어 달린다
사람들은 한 타임 더 기다려야 한다

길가, 손님맞이용 깃발이 벗어 놓은 치마처럼 날리고 있다
화성식료품에서 날아왔을까
노란 배추꽃이 흔들거리고 있다

죽은 사람들의 뼈가 없어지는
쥐들의 통로에 우리가 있다*

붉은 무덤을 파헤치고
육탈 안 된 시신을 태운다

화장터에 늘어선 행렬처럼 쭈욱 길이 난다

아직 덜 마른 그의 몸이 마를 사이도 없이
습관처럼 생겨나던
손목의 물혹마저 쪼그라들 사이도 없이

길이 난다 개나리가 피었다, 길 아래

조류 인플루엔자가 창궐한 마을을 지나간다
소독 거치대를 지나는 순간,
차바퀴에 쏟아지는 소독약 세례
닭을 잡는다 배를 가른다
웅얼웅얼 모여 있는 달걀 이전의 것들
내일치, 모레치, 사흘 뒤의 것……
마스크를 쓰고 완전무장한 유령들이 서 있다

길이 머리 위로 지나간다

하늘다람쥐는 밤에, 날개를 펴서
길을 건넌다 전봇대를 따라 내려간다
숲속에 들어가 상수리나무잎 뒤에서
먼 강의 물소리를 듣는다

* T. S. Eliot, 「황무지」 부분.

누수

 목욕탕 천장에 곰팡이가 피었다 이틀 동안 집을 비우고 오니 기다렸다는 듯 활짝 꽃을 피웠다 걸레로 닦았다 그래도 잘 닦아진다 속이 궁금해 석고보드 뚜껑을 열어 본다 천장과 석고보드 사이,

 물이 묻은 듯 군데군데 색깔이 짙은 시멘트, 나무판 대기 밑으로 나온 못, 벽 쪽 뭉클뭉클 굳어진 거품 모양의 방수 발포제, 속이 울렁거려 계단에 앉아 있을 때 희끗희끗 파헤쳐진 눈 사이로 바람이 저쪽 골목 끝에서 데리고 온 나뭇잎 몇, 과자 껍질 몇, 길인 줄 알고 왔다가 돌아선 스키드 마크 몇,

 거울에 반사된 빛에 꼼짝 못 하는 바위 뒤의 코브라, 구석진 곳의 벌레들 혼절 직전이다. 나이 들어 집을 떠나는 건 두려움 때문이 아니라 무서움 때문이라고, 한 번 떠나면 돌아올 수 없다고 아버지 돌아가시고 삼 년 동안을 엄마는 집 밖을 나가지 않으셨다.

목화밭에서

북덕북덕 목화송이 피어 있다
똥 덩어리 드글드글하다
엉덩이를 까고 평등하게 일을 본다

두터운 솜이불로 입구를 막았다
골방 깊숙이
옹글옹글 모여 앉은 패잔병들
새벽에 숨어들어 온
고라니 한 마리 쫓아내고
누구는 숨죽여 울고
누구는 담배만 뻐끔뻐끔
솜이불 바늘땀을 뚫고 들어가
연노랑 목화꽃 속에 박힌 것은
두려움 가득한 눈알들
웅얼웅얼 방언들

누구는 살고 누구는 죽는가
골목에 가득했던 총소리 이명으로 남아
후덕한 목화송이 잡아 뜯는다

남겨진 방

너를 보내고

네 침대에서 잠을 자고

양말짝을 휙 던져 보고

책상 앞에 앉아 보고

서랍장도 열어 보고

사진들, 쿠폰 몇 장, 콘돔 두 개
낡은 지갑, 잔고 바닥난 통장

뻑뻑해진 눈으로
젖은 수건을 널어 보지만

정말 네가 돌아오기를 원하는 걸까

돌아오면

다시 시작될 걱정

잠깐 잠깐 고개를 드는 의심

억지로 기워 헐겁게 메워 가는 미래의 모습들

무엇보다도
눈 똑바로 뜨고 마주쳐야 할
내 허물의 총체적 집합체인 너

세기보청기

할머니는 보청기를 싫어했다
하루 종일 바닷바람 소리가 끊이지 않는다고 했다

할머니 귓속에서는 바다가 살고 있었다
질척질척한 갯벌이 죽는 날까지 머물다 갔다
짱뚱어가 툭툭 튀어오르면
할머니는 귀를 붙들곤 했다

보청기 아래서도 귀지는 단단하게 굳어 갔다
면봉으로 살살 귀벽을 건드리면
"아갸 아갸 아갸"
할머니는 갓 날개가 돋아난 병아리 같은 소리를 냈다

팥알만 한 귀지가 양쪽에서 나왔다
눈가를 흘러 귓바퀴를 돌고 돌아
귓속 동굴까지 들어가 똑똑 흘러내려
종유석이 되어 버린 눈물이
간척사업으로 일생을 쏟아부었던
남편에 대한 원망이

차곡차곡 쟁여져 있었다

방파제가 사라진 보청기에는
날것의 소리들이 비늘을 벗겨 내고 있었다
짱뚱어가 별처럼 떨어져 내리는 멀미의 바다, 할머니
누비 치맛자락 숭숭 뚫어 놓은 담배 구멍 사이로
귀를 잡고 나가셨다

할머니가 가시던 날,
나는 팥알보다 조금 큰 보청기를 빼드렸다

태산목

 늦도록 꽃을 떨구지 못했다. 커다랗고 실직한 꽃잎 배배 뒤틀려 가고 있다. 싹둑 쳐내고 싶은, 목맨 아들의 축 늘어진 혀. 물이 다 빠져나가고 나면 등걸처럼 거친 살빛으로 남을까. 아직 짙푸른, 튼실하고 단단한 잎사귀. 뒤돌아보면 흙빛으로 돌아앉는 얼굴. 업보일까.

 남의 자식들은 좋기도 하데. 내 자식 놈은 꽁지 빠진 병아리모냥 항상 그 모냥이었지. 날개도 있는 둥 마는 둥. 역불로 날개 하나 달아 줬더니만 여직 잔뿌리 남아 있는 땅뗴기 싸 들고 바다 건너 날아가 버렸지.

 목을 감싸고 있는 하얀 수건. 그 아래 켜켜이 눌러앉은 주름. 메워진 우물이며 바닥의 콘크리트며, 옛 집터 아직 남겨두고 길 가까이에 새집을 지으신 걸 보면 할아버지도 이젠 사람이 무섭고 무엇보다 그립다는 것일 게다.

broken flowers

 가끔씩 지폐 한 장에 머리채가 낚아 채이는, 두피에 기름기가 올라오기 시작한 긴 머리 여자아이들 어떤 옷으로도 유랑의 냄새 가릴 수 없어

 희끄무레한 창들은 널어진 빨래로 가려지고 다시는 고향에 돌아갈 수 없어 덜컹대는 바람 유리창을 흔드는 유도화 분홍빛 그림자 트럭들은 공터에 모여 있고 밤마다 창문 가득 차오르는 독수리 날갯짓

 풀 속에는 놀란 날개들이 퍼드덕거리고 우박처럼 쏟아지는 토막 난 햇살들 바닥을 질질 끌며 가는 물결치는 머리칼 파도 소리만 소금으로 굳어져 가고 저 멀리 언덕에는 하얀 신전이 지켜보고 있고

쐐기풀물을 머리에 바르는 여인

총이나 빨리 갖다줘요
우리 잊지 말라고 전해 주세요
제가 기다린다고 해 줘요
저예요
저하고 여자 동지들만 있어요*

오늘은 밤이 정말 아름다워

개 두 마리 세 마리가 트럭을 따라온다

군복을 입은 채 일어난다 목 언저리에 쐐기풀물이 몇 방울 묻어 있다 모포를 갠다 이불 더미 위에 올려놓는다 머리맡의 총을 들고 간다 얼굴에 물을 묻힌다 눈썹 옆의 흉터를 지나간다 이게 더 길면 예쁠 거예요 머리 끝에만 물을 적신다 손에 묻은 물을 조금씩 발라 가며 길고 풍성한 머리를 빗는다 오른쪽 가르마 머리를 잡아당겨 한번 돌리고 목 가운데 집게 핀으로 고정시킨다 바지를 고쳐 입는다 탄창이 세 개 달린 허리띠를 두른다 조끼를 걸친다 총을 든다 신발을 다시 고쳐 신는다

* 쿠르드 여전사의 전화 내용.

수니온 곶

그것은 어떤 장식도 걷어찬다

깊고 어두운 이야기들은 해저에 가라앉은 육지처럼 말이 없다

언덕 꼭대기, 포세이돈은 파도의 말고삐를 잡고 철학자처럼 바다를 내려다보고 있다

거대하고 늙은 뼈대는 신화의 깊이만큼 단단한 근육을 숨기고 있어

출생의 시간과 살생의 무덤들을 헤치고 온 바람과 끊임없이 몸을 섞었을 것이다

나는 아무것도 바라지 않는다 나는 아무것도 두려워하지 않는다 나는 자유다*

에게해를 건너온 크레타 바람이 내장을 훑고 지나간다

멀리 출정의 북소리 들려온다

단칼에 내려쳐 전운을 점쳐 보던 양의 심장이 벌떡거린다

검붉은 심장이 더욱 붉어진다

커다란 작약꽃이다

신전에 기꺼이 제물로 바친다

* 크레타에 있는 니코스 카잔차키스 묘비의 글.

테르모필레*

미스트라 비잔틴 중세를 지나

포도밭을 지나
올리브 나무들을 지나
오렌지 나무들을 지나

노천온천에 발을 담갔다 부은 발을 주무르며 발 크기를 재 보고 돌길에도 크록스를 고집하다 넘어져 절뚝이는 무릎도 담그고 이끼 낀 바닥을 어설프게 지나 등 굽은 노인이 폭포에 물을 맞고 말없는 남자와 말 많은 여자가 투닥투닥 싸우는 소리 띄엄띄엄 들려오고

유도화 보이지 않는 밤에도 폭포는 소리를 내며 쉴 새 없이 떨어질 것이고 뼈들 사이를 돌고 돌아 온천물은 하릴없이 흘러흘러 도로를 건너 흘러흘러 바다에 이르고 뭉개지기 시작한 살무덤 같은 간척지 아래서 사라지고 유황냄새 너머 뼈와 살들의 영광스런 총합, 스파르타 병사들의 먼 신음 소리 들려오고

* 그리스. 옛 스파르타 지역.

| 해설 |

기억의, 살, 감각의, 제국

장석원 시인·광운대학교 국문과 교수

1.

핑크 플로이드(Pink Floyd)의 1970년 작품 「알란의 사이키델릭 아침 식사(Alan's Psychedelic Breakfast)」를 클릭한다. 소리의 몸을 느낀다.

들린다, 문 여닫는 소리, 물방울 떨어지는 소리, 연속되고 웅얼거리는 남자의 말소리, 컵에 물 따르는 소리, 음악이 시작되는 순간, 몽글거리는 몽환 속으로 피아노 밀려들고 금속 비트 얹어지고 멀리서, 기타의 표정이 드러나고, 잠시 멈춰 돌아서면, 얼굴 옆에서 날숨 쉬는 오르간이 보이고, 부엌 식기들 덜그럭거리는 소리, 물 삼키는 소리, 겹쳐지고 쌓이고 눌리는 소리, 살아서 번쩍 눈뜨는 집물들의 소리 뒤에서, 고요의 수면 위로 미끄러지는 어쿠스틱 기타, 팔뚝 솜털 하나하나에 맺히는 소리의 물방울들, 기름 위에 달걀 떨어지고, 지글거리는 소리와 중얼거리는 말소리 국수 가닥처럼 이어지고, 효과음과 음악 비벼지고, 피아노 돌아와 드럼과 발맞춰 부엌을 어슬렁거리고, 살아 있는 것들 죽지 않는 것들 피어나는 것들 살에 박히는 소리의 문양들 가득하다가 흘러넘치고, 어느새 베이스 드럼 키보드 어깨동무하고 들썩이고, 슬리퍼 끌고 돌아가는 소리, 메트로놈처럼 깜박인다.

우리의 풍성한 아침 식사 메뉴는 최미정의 『인공눈물』.

2.

평평한, 고요한 물에 손을 넣는다. 물의 몸이 열린다. "물을 가"르는 순간 "끊임없이 물을 잡는 손들"이 불쑥 허공에서 튀어나온다. "물은 금이 가고 '나'의 얼굴 벌어지고, 햇빛이 얼굴을 만지고, "몸속을 비춘 빛" 때문에 마음은 환해지는데, "입술 위에서 가볍게 떨고 있"는 것은 무엇일까. 느낌은 말이 아니고, 표현된 그것은 느낌이 아니고, 재현하려 했던 것은 "얇은 막에 싸여 말갛게 드러난 실핏줄들 처연한 뿌리들"이었지만, 기록된 그것들, '나'의 기억들, '나'의 얼굴들 "그리고 지우고 다시 그리고······." "귀퉁이에서" 흙을 "밀어 올리며 샘솟고 있는 목소리, 목소리들" 여기에 있다. 목소리의 "문신이 꿈틀거"린다. "파란 모빌이 짤랑거린다". '나'를 열고 닫는 것들, 살아 있는 것들, 영원한 현재에 '나'를 못 박아 버리는 자들, '나'가 기술하지 못한 것들, 사라지지 않고 죽지 않고 '나'를 껴안는다. 그(것)들이 '나'를 부린다, 받아들인다, 짊어진다. 나는 그(것)들에게 말한다. "내게도 아직 사랑이 남아 있었던가 비 오는 대로, 바람이 부는 대로 흔들리며 내 마음속의 별을 향해 손짓하던 애원들 찢겨진 꽃잎 하나를 들고 물 위로 나온다". (「평균율」)

최미정의 시가 보여 주는 감각의 황홀경은 영롱한 효과음으로 신세계를 열어젖힌 알란 파슨스(Alan Parsons)의 엔지니어링 작업과 그것으로 구현된 아트 록의 진경을 떠올리게 한다.

3.

기억을 주어로 놓고 서술어로 형용사를 써서 단문을 만들어야 하는 과제를 받은 독자가 있다. 난제 앞에서 끙끙대는 그의 난처한 표정이 아른거린다. 문득 모차르트의 피아노 소나타 11번처럼, '화려하다'가 수면 위를 내달린다. 최미정이 음각한 기억의 표상을 마주한다. "바람이 숭덩숭덩 드나들던 공간은 다 기억하고 있을 것이다"(「180일 동안」). 시집의 3부에서 숨길 수도 지울 수도 없는 과거가 직소 퍼즐처럼 맞춰진다. 기억은 고통과 상처와 갈등을 고구한다. 기억의 만발. 기억의 꽃잎 바닥에 떨어져 삶의 문양을 그려 낸다. 꽃잎 하나, 기억 조각 하나하나를 확대한다. "잃어버린 학급비 조사를 받았지 학생주임 선생님이 호의적이었어 웃는 게 이쁘다, 그렇게 웃어, 항상~ 입술을 자근자근 깨물며 빗자루 몽둥이로 두드려 팼"던 사람. 그 사람 왜 나에게 그랬을까. 그 사람 지금 무엇을 하고 있을까. 나를 때린 것은 기억할까. 기억은 공평하지 않다. 선생과 학생의 기억은 같을 수가 없다. 기억의 투쟁이 시로 기록된다. 있었던 그것이지만 언어로 표현한 그것 속에는 아픔도 슬픔도 없다. 그날 그곳에 사건에 연루된 '우리'가 있었는데, 지금은 '나'만 남아 있다. 남겨진 '나'는 그것을 오늘의 등판에 아로새기고 있다.

다른 무늬 하나가 돌올하다. "칼 든 아들을 피해/어머니가 다듬잇돌 위에 웅크리고 앉아 벌벌 떨고"(「다락을 세내다」) 있다. 가족의 비극이 몸의 틈으로 삐져나온다. 고통의 시간이 날름거린다. "목맨 아들의 축 늘어진 혀"가 어둠과 공포의 그림자를 드리운다. 사건의 원인은 드러나지 않는다. 어머니의 독백이 이어진다. "남의 자식들은 좋기도 하데. 내 자식 놈은 꽁지 빠진 병아리모냥 항상 그 모냥이었지."(「태산목」) 자살한 아들은 어머니의 기억 속에서 불사하는 존재가 된다. 어머니와 아들의 고통은 영생하는 기억으로 '나'를 물들인다. 결코 죽지 않는다, 재가 되지 않는다는 선언. 결코 잃지 않는다, 울지 않는다는 결의. 이 둘이 맞붙는다. 기억하는 자, 최미정. 시인의 과거를 뒤흔든 사건으로 우리는 끌려든다. 그곳에서 우리는 "거울에 반사된 빛에 꼼짝 못 하는 바위 뒤의 코브라"(「누수」) 같은 시인을 바라본다.

> 누구는 살고 누구는 죽는가
> 골목에 가득했던 총소리 이명으로 남아
> 후덕한 목화송이 잡아 뜯는다
> —「목화밭에서」부분

 그날 그곳에서 벌어진 일. 우리는 과거의 결정적 장면에 당도했다. 삶을 찢어발긴 사건의 조각을 목격했다. 5월의 총소리가 오늘 '나'의 귀에 들린다. 그날의 총알이 '나'의 두개골 왼쪽으로 들어와 오른쪽으로 나가는 중이다. 파열과 파멸로 귀결되는 기억. 최미정은 압제자 기억에게 무릎 꿇지 않는다. 최미정은 비극마저도 빛살로 감싼다. 시인의 기억은 현재로 "담쟁이 넝쿨처럼" 뻗어 나온다. 가정과 가족의 안온에 균열을 일으킨다. 기억의 반대편, 삶의 세계에 출렁거리는 이미지가 우리를 충만한 감각의 세계로 인도한다. '욕망이여 입을 열어라'. 최미정이 소악素堊에 그려내는 욕망의 변주곡을 듣는다.

멘델스존의 5월의 미풍이 흐른다
가정음악에 슬금슬금 손이 자라난다
'까꿍'
얼굴을 숨기던 커튼을 지나
담쟁이 넝쿨처럼 벽을 따라 뻗어 흘러간다
베란다, 창틀 사이로 발을 내밀었다고
아랫집 아이가 날카롭게 야단을 맞는다
멸치조림 냄새가 훅 끼친다

—「멘델스존의 의자」부분

4.

 죽음의 그늘에 밀생하는 기억의 세계를 빠져나온다. "어제, 그제, 먼 미래에서" "여기저기서 나오는 눈물들"이 흥건한 곳으로 들어간다. "시간의 미열이 눈물을 말리"(「인공눈물」)는 이곳에서 우리가 경험하는 것, 살아 있음. 사물의 변전을 아우르는 언어의 율동이 펼쳐진다, 조각난다, 부스러진다, 알알이 빛난다. "그냥 물"이 "잎을 달인 물,/꽃을 달인 물,/뿌리를 달인 물,/과일을 압착시킨 물"로 이어진다, 거듭거듭 다른 것으로 태어난다, 새로운 것으로 돌아온다. 대양에서 하늘을 거쳐 육지 곳곳으로 순환하는 물에 어른대는, 사랑하는 사람의 몸에 머물다가 광활한 창공으로 날아오르는 물방울에 얼룩지는 영상. "키스할 때 입안에 고인 물"의 달콤한 열락. 그리고 "할례 때 귀두에 맺힌 핏방울 위"(「물」)에 물들어 있는 생장과 변이의 고통. 절제한 맨살에서 피어오르는 열광 같은 통증. 정맥혈이 몰려들 때 말단에 남은 열상의 흔적 따라 의식이 절개되는 듯한 느낌. 파열과 봉합 사이에서 몸이 전율한다.

> 새가 물고 가는 나뭇잎, 벌레거나 눈물, 콧물, 침에 속눈썹까지 붙인 자갈돌이거나 저주의 말을 담뿍 담은 물 몇 바가지거나 그 위를 설정설정 덮은 쭉정이들. 사철나무 울타리 뒤에 숨어 지켜보던 날들.
> ―「친구 추가」 부분

기억의 살을 어루만진다. 감각의 돋을새김. 감각의 미시 세계로 들어간다. 아원자 영역의 시공간 속에서 그날의 삶이 재구된다. "사철나무 울타리 뒤에 숨어 지켜보"는 시인을 만난다. 최미정은 "냅킨 위에서" 반짝이는 "결석"을 "죽은 아이의 젖니"와 병치한다. 결석과 젖니가 하나가 되어 "하얗게 분홍으로 빛난다"(「무용無用」). 하양과 분홍이 접붙을 수 있는 이유, 그것이 시의 탈출구(loophole)가 되는 이유, 생의 기억을 소분하는 감각의 리얼리티 때문이다. 드디어 우리는 사실事實과 감각이 서로 다른 것이 아님을 깨

닫는다. 아니 생생하게 경험한다. 그것이 우리의 생生이었다. 그것이 이어질 다른 생生이다. 삶의 살이 촉지하는 감각의 안테나에 아이의 "부지런"한 "작은 발들"이 포착된다. 수신할 준비를 마쳤는가. 도착한 파동을 감촉하는가. "나막신으로 땅을 두드려 봄을 부"르는 "아이가 사라졌어요"라고 뇌는 시인. 아이의 실종 앞에 "엉덩이가 노란 까만 닭발이 어둠의 머리를 헤집는다"가 놓여 있다. '노랑'과 '까망'이 섬돌 위에 놓인 아이의 운동화처럼 맞닿아 있다. 어떻게 가능할 수 있을까. 색채가 사건이 될 수 있다니, 색채가 사물의 본질일 수 있다니, 색채가 불변하는 형태가 되어 영원의 이미지를 드러내고 있다니…… 우리는 최미정이 실현해 낸 색채의 태극적인 변용을 이미지의 마법이라고 부를 것이고, 감각의 영광스러운 승리라고 선언할 것이다. 불가능이 가능으로 돌연 변이되는 곳, 여기 최미정의 '감각의 제국'에서 – In the Realm of the Senses – 우리는 존재의 유와 무 사이에 던져 놓은 "유통기한 지난 영양제 플라스틱 통"(「미명未明」)을 발견한다. 그리고 "티벳 사람의 각진 아래턱 살점/독수리 한 마리 물어뜯고 있"는 광경을 관통하는 이미지의 화살을 본다. "엄마가 없는가/자지러지는 아이의 아래턱은 또 얼마나 흔들리고 있는가"(「경락」). 절정에 가까워진다. 상승하고 상승한다. 극광 같은 이미지의 향연에 초대된 우리의 몸에 불꽃이 인다. 인체 자연 발화이다.

아름다운 시를 읽는다. 고여 있는 물, 검정 위의 푸르름, 미나리꽝에 손을 집어넣는다. 반지하방으로 돌아간다. 기억 속의 미나리를 더듬는다. 감각의 뿌리가 손가락에 닿는다.

 신문지를 펴놓고 미나리를 다듬는다 글자 사이사이를 읽고 있는 거머리를 본다 거머리를 따라가 피를 읽는다 피를 흘리고, 피가 쏟아지고, 번지고, 굳고…… 피가 지나간다 미나리 뿌리를 컵에 담아 창가에 올려놓는다 반지하방, 햇살이 비치는 화폭으로 다리들이 지나간다 부풀어 툭 불거진 혈관에 거머리가 붙는다 딱지 앉을 새도 없이 후벼 대는 손톱 아래 두피에도 피가 고인다 거머리가 붙는다 골목골목을 헤매고 와 부어오른 다리를 벽에 올려놓고 창을 올려다본다 산양 모양 구름 사이로 쑥 들이미는 얼굴이 있다 깨진 유리창으로 손이 쓰윽 들어온다 화다닥 놀라 다리를 내린다 푸른 치마를 꼭꼭 잠근다 햇볕 좋은 날, 창밖으로 나가 입고 있는 옷을 까뒤집는다 솔기 사이에서 술꾼들의 토악질 소리를 뜯어낸다 말라비틀어진 눈알도, 손모가지도 떨어진다 인적 없는 틈을 타 땅바닥에 엎드려 안을 들여다본다 캄캄하다
  ― 「미나리꽝」 전문

5.

 감각의 황홀한 현현이 이루어지는 현재로 귀환한다. 기억과 감각의 사이에 자리를 잡는다. "몸뚱이 밖으로 나침반 바늘이 터져 나온" 것 같은 "새끼발톱이 깨져 있는"(「플랫」) 지금, 여기를 집약하는 문형, 최미정의 시집에 도드라지는 '~는(은)'의 행진.

 ① 무릎에 얼굴을 묻고 앉아 있는, ② 거기 온 풀밭을 얼어붙게 하는, ③ 고개 한 번 돌릴 것 같지 않는, ④ 단단한 성채가 되어 있는, ⑤ 조금씩 누레져 가는 풀 속에 숨어 있는 ⑥ 경기장의 빳빳하게 풀을 먹여놓은 ⑦ 몇 발짝 앞서서 횡단보도를 건너고 있는 ⑧ 사과 따러 가는 ⑨ 목에 분을 바르는 ⑩ 쇄골이 도드라지는 ⑪ 팥칼국수 먹는

 ①~④는 「격리」, ⑤와 ⑥은 「무명선수」, ⑦과 ⑧은 「신발론」, ⑨~⑪은 「하지·2」에서 뽑아냈다. 관형절과 수식절을 형성하는 문형이 넘실거린다. 현재의 수면을 부유하는 언어들. 진행되고 있는 순간에 집중하는, 감각의 인화점을 꾸려 내는, 기억을 미분하여 감각의 미립자를 구현하는, 그 과정을 반복하여 영속하는 것을 추출해 내는, 불가능태를 감각의 도가니 안에서 용융 시키는, 감각이 새로움을 창조하는…… 현미顯微의 세계가 빚어내는 항구恒久적인 것들.

 오셀로, 워렌 버핏, 인간 경영, 손자병법, 21세기 여성

만을 위한 재테크 10계명, (……) 2009 전국영화영상학과 입시가이드, 매력 있는 대한민국 점프 산수 5-2, 만화 초등교과서 자연, (……) 전 세계 국제전화카드(미, 중, 캐나다, 호주, 프랑스), 성인 만화 걸작집, (……) 관광도로 안내도, 대한민국의 파워, 악당의 거리, 장난꾸러기 도깨비, 아직도 모르세요, 나눔터, 탈무드, (……)

― 「아디다스 슬립온 뒤에」 부분

추측컨대 책의 제목으로 판단되는 고유명사들의 병렬로 구성한 작품이다. 책장에 꽂혀 있는 책들의 집합. 언어의 축적으로 표현한 생활의 연대기와 아이들의 분방한 일상. 명사를 포집하여 그려 낸 정밀화. 세부 묘사의 새로운 방법론 실험을 성공하게 만든 독특성, 손끝 거스러미처럼 우리를 자극한다. 감각과 언어의 조화가 현상해 낸 '그 모든 것들'이, 지금 이 순간, 개화改火한다.

모래 언덕을 올라간다 모래가 흘러내린다 도마뱀이 달아난다 지평선이 이글거린다 전봇대 하나, 양쪽으로 길게 줄을 늘어뜨리고 있다 (……) 하얀 치마, 하얀 치마 카메라 뷰파인더 속으로 쓱, (……) 카메라를 들이대자 두 팔로 'X'자를 만든다 선글라스를 벗어 아이를 본다 눈동자 속에 파란 불꽃이 타고 있다 검은 가죽으로 쌍봉낙타를 잘라 붙인, (……) 그래 함부로 웃지 마 아이의 엉덩이 아

래, 모래 아래, 공룡 턱뼈 너덜거린다

— 「no camera」 부분

「아디다스 슬립온 뒤에」와 방법론이 같은 시. 카메라의 부재를 지시하는 제목의 축자적 의미 너머를 가득 채운 이미지와 사건들을 표현하는 단어로 '선명하다'는 어울리지 않는다. '초超-'를 붙일까. 하이퍼리얼리즘(hyperrealism)이라고 판단해도 되지 않을까. 이미지와 사건이 하나가 되는 현장에서 카메라가 아니라 시인의 실존 자체가 '뷰파인더'라는 사실을 확인한다. 시인의 역능에 감탄한다. 그리고 시인의 감각적 언어가 선사하는 감응(affect/correspondence) 앞에서 전율한다.

6.

"노을에 쨍 금이 간다". 세계의 균열. 사라질지도 모른다. 흩어지는 먼지가 될 수 있다. "철조망에서 건너 탱자나무 울타리까지" 화자의 시계視界 안에서 벌어지는 사건들이 시 속에 정서正書되어 있다. 우리는 지금 「승산교회와 탱자나무 사이」에 서 있다. 우리는 최미정의 시와 세계의 '사이'에서 지금 인식의 망막에 사건을 박음질하고 있다. "간간이 노랗게 익은 탱자 몇 알 떨어진다/기름방울 튀기

듯 땅바닥 깜짝깜짝 놀란다". 유정幽靜한 공간을 통과하는 '있음'의 광휘에 눈이 부시다. 빛이 눈에 들어찬다. 빛이 경계를 지운다. 빛이 사물의 윤곽을 폭파한다. 빛이 우리를 증발시킨다. 있지만 없는 상태. 거기에, 사물이 있고, 사건이 벌어지고 있는데, 빛이 사물을 지우고 사건을 정지시킨다. 빛이 없앤 것들, 빛 때문에 사라진 것들, 있는데 보이지 않는 것들, 동시에, 인식을 휘발시킨 백광이 이글거린다. 최미정의 시는 '있음'과 '없음' 사이를 오간다. 시인은 언어로 존재를 제작하고 언어로 그것을 삭제한다. "색깔도 없애고/번짐도 없애고/냄새도 없애고/관심도, 무관심도, 판단도, 비극도, 증오도……"(「흰죽여행」) 무명의 세계에 입장한다. 유와 무는 안드로규노스(Androgynous)처럼 분리되지 않는다. 우리를 아연啞然에 빠뜨리는 플라즈마가 끓어오른다. 팽팽한 긴장이다. 지뢰를 밟은 채 오도 가도 못한다. 인계 철선을 당긴다. 없음과 있음이 용암처럼 들끓는다. 순간을 영원에 용접하는 감각의 칼날 번득이는 작품, 시집의 첫 시를 읽는다.

> 스타벅스 텀블러에 남아 있던 커피가 흘러 젖은, 통통 부풀어 오른, 빈 페이지엔 곰팡이까지 피어 있는, 등받이가 조금 더 젖혀진 앉은뱅이 의자 모양을 하고 있는, 반대편 페이지엔 앞으로 목을 길게 빼고 있는, L자 모양을 하고 있는, 텀블러에 묻어 있는 입술 자국처럼 안쪽 허공의

크기를 보여 주는, 스타벅스 오리가미 크리스마스 블렌드의 진하고 쓰고 달콤한 향이 남아 있는, A6 메모리 카드, 모닝글로리 148×105 size

— 「무무(無無)」 전문

인공눈물

초판1쇄 찍은 날 | 2021년 10월 21일
초판1쇄 펴낸 날 | 2021년 10월 25일

지은이 | 최미정
펴낸이 | 송광룡
펴낸곳 | 문학들
등록 | 2005년 8월 24일 제2005 1-2호
주소 | 61489 광주광역시 동구 천변우로 487(학동) 2층
전화 | 062-651-6968
팩스 | 062-651-9690
전자우편 | munhakdle@hanmail.net
블로그 | blog.naver.com/munhakdlesimmian

ⓒ 최미정 2021
ISBN 979-11-91277-21-0 03810

- 잘못된 책은 바꿔드립니다.
- 이 책 내용의 전부 또는 일부를 재사용하려면
  반드시 저작권자와 문학들의 동의를 받아야 합니다.
- 책값은 뒤표지에 표시되어 있습니다.
- 이 책은 광주광역시, 광주문화재단의
  2021년도 지역문화예술육성지원사업으로 지원받아 발간되었습니다.